Andreas Bernstorff

Rede zum Andenken des Grafen Andreas Petrus von Bernstorff

Andreas Bernstorff

Rede zum Andenken des Grafen Andreas Petrus von Bernstorff

ISBN/EAN: 9783744610537

Hergestellt in Europa, USA, Kanada, Australien, Japan

Cover: Foto ©ninafisch / pixelio.de

Weitere Bücher finden Sie auf **www.hansebooks.com**

Rede

zum Andenken des Grafen

Andreas Petrus von Bernstorff,

Königl. Dänischen Staatsministers, Ritters vom
Elephantenorden, Geheimenraths, Präsidenten
der deutschen Kanzeley u. s. w.

gehalten

im großem Hörsaal der Universität zu Kiel

den 28sten August 1797

vom

Professor Hegewisch.

Kiel.
Gedruckt von Christian Friedrich Mohr.

Verehrungswürdige, hochgeehrte Versammlung,

In den Tagen allgemeiner, ungeheuchelter, tief empfundner Trauer, worin Dänemark durch den Verlust des Mannes versetzt wurde, der die wichtigsten Angelegenheiten des Staates, seit vielen Jahren, in den gefahrvollsten Zeiten, mit großer Weisheit, und mit dem segenreichsten Erfolge verwaltet hatte; des Mannes, von dem das einstimmige Urtheil des ganzen Europa bezeugte, daß nie ein Volk einen weisern, einen redlichern Besorger seines Wohls beweinte; in diesen Tagen, wo diejenigen, deren Beruf es ist, der öffentlichen Gesinnung Sprache und Ausdruck zu geben, von einer dankbaren Nation aufgefodert wurden, alles, was Kunst und Talente vermögen, anzuwenden, um dem Andenken dieses Mannes und seiner unvergeßlichen Verdienste würdige Denkmäler zu errichten; in diesen Tagen, wo Dänemark seinen Bernstorf verlor, war die Aufmerksamkeit unsrer Mitbürger in der Nähe und in der Ferne ohne Zweifel auf uns gerichtet, in der gerechten Erwartung, daß auch unser Schmerz kein stummer Schmerz, daß auch unsre gen Erfahrung vieler Jahrhunderte zu neu war, um sich in sie finden zu können; in eine Verwirrung, die die wahrscheinlichsten Berechnungen der geübtesten Klugheit zu Schanden machte; in eine Verwirrung, wo Nationen, die nichts so sehr als den Frieden wünschten, durch die Macht der Umstände in den wildesten Krieg sich hineingerissen fanden; in diesem furchtbaren, ganz Europa erschütternden Sturme, war Dänemark, das glückliche Dänemark, die beständige, die heitre, die sichre Wohnung des Friedens.

Das erstaunte Europa fragte: "wer ist der Schutzgeist, der über Dänemark wacht? der dem Sturm und den Wogen gebeut, daß sie Dänemarks Grenzen für heilig, für unverletzbar zu achten scheinen?" Und bald ward Bernstorfs Name im ganzen Europa genannt, und ward nie genannt, ohne mit Ausdrücken großer Bewundrung, großer Verehrung begleitet zu werden.

Vielleicht ist keiner in der gegenwärtigen Versammlung, der nicht schon in seinen Gedanken an Bernstorfs Grabe gestanden hätte, um dem Verstorbnen ein stilles Opfer seiner Verehrung zu bringen. Gewiß ist keiner unter uns, der nicht für sich, in seiner Seele, Bernstorfs Tod gefeyert hätte.

Es ist nicht Zuversicht, es ist nicht Zudringen zu einem ehrenvollen Geschäfte, daß ich heute dieser Versammlung einigen Anlaß gebe, Bernstorfs Andenken gemeinschaftlich zu feyern. Es giebt Fälle, wo die Bescheidenheit ihr Gefühl unterdrücken, und, wenn sie ihren Charakter behaupten, wenn sie nicht in Eigensinn ausarten will, der Stimme der Freundschaft, und dem Wunsche ehrwürdiger Männer mehr Gehör, als ihren eignen Bedenklichkeiten, geben muß. In einem solchen Falle glaube ich mich gefunden zu haben, und ich habe mich, vielleicht zu nachgebend, durch zwey Betrachtungen bestimmen lassen; erstlich, daß zur Feyer Bernstorfs an diesem Orte, eine, wenn gleich unvollkommene Darstellung seines dem Dienste Dänemarks geweihten und für das Glück desselben so wirksamen Lebens von einem Lehrer der Geschichte erwartet werde; und sodann, daß es, um dieser Erwartung genüge zu thun, keiner Talente eines Redners bedürfe, sondern daß eine einfache, treue Erzählung das beste Mittel ist, Bernstorfs Verdienste in ihr rechtes Licht zu stellen.

Eine vollständige, eine völlig befriedigende Darstellung dessen, was er für Dänemark war, kann nur von einem Manne erwartet werden, der, so würdig er auch der Arbeit sey und so viel Hülfsmittel ihm auch zu Gebote stehn, vielleicht mehrere Jahre daran wird wenden müssen, und er wird ein Werk zu liefern haben, das den Leser lange wird beschäftigen können. Gegenwärtige Rede muß sich auf einen engen Zeitraum beschränken, und nur wenig Tage konnten ihrer Ausarbeitung gewidmet werden. Auf diese beiden Betrachtungen gründe ich meine Bitte und meine Hoffnung, bey dieser Versammlung für die Mängel und Unvollkommenheiten meines Vortrages eine gütige und billige Entschuldigung zu finden.

Bernstorf wurde zu Hanover im Jahre Siebzehnhundert fünf und dreyßig, den acht und zwanzigsten August, geboren. Der heutige Tag also, sonst für uns ein Tag der Freude, nun in einen Trauertag verwandelt, muß unsern Schmerz noch empfindlicher machen; denn wir können uns des Gedankens nicht erwehren, daß dieser Tag, nach dem gewöhnlichen Laufe der Natur, uns noch oft als ein Freudenfest hätte erscheinen können.

Bernstorf *) stammte aus einem Geschlechte, das schon vor ihm Staatsmänner von großem Ruf her-

*) Sein Vater war Andreas Gottlieb von Bernstorff; seine Mutter Dorothea Wilhelmine von Weitersheim. Er wurde 1755 dänischer Kammer-

vorgebracht hatte. Als er die Jahre erreichte, wo die Neigungen eines Jünglings gewöhnlich eine bestimmte Richtung nehmen, wo er, wenn er von der Natur dazu berufen ist, sich ein Ideal von Vortreflichkeit bildet, das er durch sein eignes Leben auszudrücken den Vorsatz faßt, bekleidete der Bruder seines Vaters eine der wichtigsten Stellen im dänischen Staate. Es war dieses der ebenfalls um Dänemark hochverdiente, unvergeßliche Mann, der zuerst den Titel eines Grafen von Bernstorf führte, welchen ihm der König, nebst den damit verknüpften Vorzügen, zur Belohnung seiner Verdienste ertheilte; ein Mann von anerkanntem, großen Werthe in Staatsgeschäften. Das Beyspiel dieses Oheims, um dessen Dienste sich wetteifernde Fürsten bewarben, mußte einen feurigen, für den Ruhm empfindlichen Jüngling zur Nacheiferung reizen. Laßt uns

junker; 1760 Kammerherr; 1762 Auscultant in der deutschen Kanzeley und in der Rentekammer; 1766 erster Deputirter in der Generalzollkammer; 1766 Ritter vom weissen Bande; 1772 erster Deputirter in der Rentekammer; 1773 Minister des Departements der auswärtigen Geschäfte und Director der deutschen Kanzeley; 1776 Ritter vom blauen Bande.

noch bemerken, daß die Staatsverwaltung dieses ältern Bernstorfs den Character nicht nur vorzüglicher Klugheit, sondern auch der vollkommensten Rechtschaffenheit hatte; daß sie dadurch die Achtung und das Vertrauen des ganzen Europa erlangte; daß sie dadurch einen wohlthätigen Einfluß auf die Angelegenheiten nicht nur Dänemarks, sondern auch anderer Nationen hatte. Die allgemeine und große Verehrung, die sich dieser ältere Bernstorf durch diese seine weise und redliche Verwaltung erwarb, hat unstreitig tiefe und bleibende Eindrücke auf den Geist und das Herz seines jungen, auf ihn als ein Muster blickenden Verwandten machen müssen.

Das Beyspiel eines schönen, eines edeln, eines großen Charakters wirkt nie mit größerer Kraft, als wenn es Jünglingen von Personen ihrer Verwandtschaft gegeben wird. Wenn die Valerier in der römischen Geschichte sich dadurch auszeichnen, daß sie sich durch eine billige Denkungsart, durch Güte des Herzens und durch Freundlichkeit des Betragens die Liebe des Volks zu erwerben wissen; wenn es eine angeborne Tugend der Decier zu seyn scheint, sich für das Vaterland mit der willigsten Entschlossenheit aufzuopfern, so war dieß vielleicht theils zwar der angebornen Neigung, theils aber und vorzüglich der Macht häuslicher Beyspiele zuzuschreiben. Ohne das Muster seines Oheims vor Augen würde Bernstorf wahrscheinlich die kriegerische Laufbahn betreten haben, die den lebhaften Jüngling mit mächtigem Reize an sich zog, und für die er Anlagen und Kräfte in sich fühlte.

Es waren überhaupt herrliche Anlagen, große Kräfte, die er von der Natur empfangen hatte. Eine lebhafte Wißbegierde war eine der vorzüglichsten Triebfedern seines Geistes. Er hat selbst von sich bemerkt, daß ihn eine ungeduldige Neugier, als er nur noch ein sechsjähriger Jüngling war, zu einem leidenschaftlichen Leser der öffentlichen Blätter machte. Aber diese Neugier war schon von dem Verstande begleitet, der nicht bloß wissen, der auch das, was er weiß und täglich zu seinem Wissen hinzufügt, mit einander verbinden will. Daher war er in jenen frühen Jahren eben so begierig die Kenntnisse zu sammeln, ohne die man den Zusammenhang der politischen Begebenheiten nicht beurtheilen kann. Historische und geographische Werke rissen ihn hin, wie sonst Romane einen Jüngling hinzureißen pflegen. Dieß ist sein eigner Ausdruck, den er einst von seinen jugendlichen Beschäftigungen brauchte. Ein ausserordentlich glückliches Gedächtniß und ein schnellfassender Verstand machten ihm sein vieles Lesen nützlich, ob er gleich bey der Wahl der Bücher mehr vom Zufall und dem Interesse des Augenblicks, als von einer bestimmten Regel geleitet wurde. Diesen glücklichen Anlagen kam keine zweckmäßige Erziehung zu Hülfe. Zehn Jahre blieb der für das Gute, für das Schöne empfängliche Jüngling unter den Händen eines Erziehers, dessen Mittelmäßigkeit keine Achtung einflößen konnte, der die Neigungen des Zöglings nicht zu benutzen wußte, der aus Härte, aus Laune strafte, mit heftiger Leidenschaft strafte, und der oft seine eignen Pflichten vergaß. Unglücklicherweise glaubten die Eltern selbst, ob sie gleich zärtliche, liebende Eltern waren, ihrem Sohne die beste, die vollkommenste Erziehung zu geben, indem sie den ganzen Ernst, die ganze Strenge, die ganze Förmlichkeit der alten Methode befolgten, deren Widerspruch mit der menschlichen Natur, deren Zweckwidrigkeit man endlich in unserm glücklichen Zeitalter eingesehen hat. Laßt uns noch bemerken, daß die leidenschaftliche Härte jenes vielleicht mehr unglücklichen, als wissentlich schlechten Erziehers keinen Haß, keine Erbittrung in der Seele des von ihm unwürdig behandelten Zöglings erzeugte, sondern daß dieser mit jenem, so lange er lebte, eine freundliche Verbindung unterhielt, die mehr noch als Großmuth, die eine natürliche Wirkung seines milden und wohlwollenden Herzens war.

Daß Bernstorfs Geist unter solchem Zwange nicht erlag, daß sein heitrer, freundschaftlicher, liebender Charakter unter einer solchen Behandlung sich nicht verstimmte; daß seine schönen Anlagen unter solchen Hindernissen zu einer vollkommnen Entwicklung gelangten, muß unstreitig ihren eignen innern Kräften, die die Natur in sie gelegt hatte, zugeschrieben werden.

Zur Bildung seiner Denkungsart, zur Stimmung seines Herzens hat wahrscheinlich der Umgang und die Freundschaft dreyer Personen vorzüglich beygetragen. Die eine war seine Mutter. Nichts wirkt stärker auf ein jugendliches Herz als eine Mutter von sanftem und zugleich ehrwürdigem Charakter, die sich die Liebe und das Vertrauen, aber auch zugleich die Hochachtung und Verehrung ihrer Kinder zu erwerben weiß. Nach der Mutter scheint es der ehmalige Generalsuperintendent Jacobi zu Celle gewesen zu seyn, der großen und vielleicht entscheidenden Einfluß auf Bernstorfs religiöse Gesinnungen hatte. Von ihm bekam er noch in seinen Jünglingsjahren einen Unterricht in der Theologie, wie ihn nur diejenigen, die sich zu Lehrern der Religion bestimmen, zu bekommen pflegen. Daß Bernstorf nicht nur ein Verehrer, daß er ein Bekenner und Vertheidiger der christlichen Lehre war, ist wahrscheinlich dem Unterricht dieses Mannes zuzuschreiben. In jenen Zeiten, wo die Verknüpfung Hannovers mit England Anlaß gab, daß die englische Litteratur, und die englischen Sitten in Deutschland bekannter wurden, als sie bis dahin gewesen waren, und daß jene sowohl als diese, insbesondre zu Hannover, Nachahmung erregten, fing man auch an die Behauptungen und Meinungen der in England zuerst aufgetretenen Bestreiter des Christenthums, die man damals Deisten nannte, kennen zu lernen. Jacobi stellte sich ihrer Verbreitung in Hannover entgegen, nicht mit Heftigkeit, nicht mit blindem Eifer, sondern mit Mäßigung und Klugheit. Nie griff er selbst die Meinungen der Andersdenkenden an; aber wenn die Lehren des Christenthums angegriffen wurden, vertheidigte er sie mit einer Weisheit, und mit einer sanften, rührenden Beredsamkeit, die der eines Fenelons ähnlich war. Der dritte, dessen Einfluß auf Bernstorfs Denkungsart und Gesinnungen unverkennbar ist, war Gellert. Es war eine Zeit, wo Deutschland diesen Mann, als seinen ersten Lehrer des Geschmacks und der Moral verehrte und es ist unleugbar, daß er in beiden Hinsichten einen großen Einfluß auf die deutsche Nation gehabt hat. Es gab vielleicht keine Eltern in Deutschland, die nicht wünschten, daß ihre Söhne Gellerts Unterricht genießen möchten, und diejenigen priesen sich glücklich, deren Glücksgüter ihnen die Erfüllung ihres Wunsches möglich machten. Gellert wurde Bernstorfs Freund, und wie sehr dieser ihn liebte, bewies er nach seiner Rückkunft aus Italien, da er bloß Gellerts wegen nach Leipzig reiste.

Leipzig, Göttingen und Genf waren die drey Universitäten, die Bernstorf nach einander besuchte, und aus dem, was bisher von seinen Anlagen und Neigungen gesagt ist, läßt sich erachten, daß sein Fleiß an diesen Orten unermüdet war, einen Vorrath nützlicher Kenntnisse zu sammeln. Italien, Frankreich und England waren die Länder, die er nachher besuchte, und es läßt sich abermals erachten, wie er den Aufenthalt daselbst benutzte, sich Welt- und Menschenkenntniß zu erwerben, seinen Geschmack zu üben, und seinem Character jene feinere Ausbildung zu geben, die man nur in der Welt durch Beobachtung und Vergleichung erlangen kann, und die nicht nur mit der strengsten Tugend vereinbar ist, sondern auch eine gewisse Liebenswürdigkeit über sie verbreitet. Seine persönlichen Eigenschaften sowohl als die Empfehlungen seines Oheims verschafften ihm den nähern Umgang mit Männern, deren Bekanntschaft ihm in jenen Absichten nützlich wurde; es waren Staatsmänner, Gelehrte und Künstler vom ersten Range. Unter den Staatsmännern befand sich der nachmalige erste Minister in Frankreich, der Herzog von Choiseul; damals Gesandter in Rom. Unter den Gelehrten war Barthelemy, der nachmals so berühmt gewordene Verfasser der Reisen des jungen Anarcharsis. Zu den Künstlern gehörte La Grenze, der Maler der liebenswürdigen, der stillen, der häuslichen Tugend.

Nach seiner Zurückkunft aus Italien brachte Bernstorf den Winter in Dresden zu, in jenem Zeitpunkte vielleicht dem interessantesten Orte in Europa, denn er war der Winteraufenthalt Friedrichs II. der sich hier, nachdem er den ersten Schritt zur Ausführung seines kühnen Entschlusses gethan hatte, zum Kampfe gegen das halbe Europa in Verfassung setzte.

Mit dem feinsten Beobachtungsgeiste geboren, und mit der glücklichen Gabe jedes Gute und Schöne, das einen Charakter edel und liebenswürdig macht, in den seinigen aufzunehmen, konnte es nicht fehlen, daß diese Reisen der Entwicklung von Bernstorfs Anlagen die letzte Vollendung gaben. Er kam zurück für das thätige Leben und für den gesellschaftlichen Umgang gleich vortreflich gebildet. So beschrieben ihn die, die früh ihn kannten. Er begab sich nach Dänemark, wo ihn sein Oheim, der selbst keine Kinder hatte, als seinen Sohn empfing, und durch fernere Leitung und durch Fürsorge sein zweiter Vater wurde. Durch seinen eignen, sich bald und sichtbar entdeckenden Werth und durch des Oheims Ansehn empfohlen, wurde ihm eine wichtige Stelle vertraut, wo er Angelegenheiten, die Staatshaushaltung betreffend, zu besorgen hatte. Die Kenntnisse, die er sich erworben, sein heller Verstand, seine Thätigkeit und Arbeitsamkeit machten seine Verwaltung dieser Geschäfte dem Staate nützlich, ihm selber rühmlich.

Zehn Jahre hatte er diese verwaltet, als Begebenheiten von ungewöhnlicher Beschaffenheit ihn sowohl als seinen Oheim, und viel andre redliche Männer von der Besorgung der dänischen Staatsgeschäfte entfernten. Beide verliessen Dänemark, wo ihre Abreise, als ein öffentliches Unglück beklagt, und mit sehnsuchtsvollen Wünschen für ihre baldige

Zurückkunft begleitet wurde. Bernstorf begab sich auf seine Güter, wo nun der Landbau seine liebste Beschäftigung wurde. Er hatte viel Sinn und Neigung dafür, wie so viel andre gute und große Männer zu allen Zeiten und unter allen Völkern dafür hatten. Sein Aufenthalt in England war grabe in den Zeitpunkt gefallen, da die Engländer anfingen den Landbau als eine Wissenschaft zu betrachten. Bernstorf hatte eine eigene Reise nach der Provinz Norfolk gemacht, die damals in England, als die Schule und das Muster des wissenschaftlichen Ackerbaues, in großem Rufe stand, und er würde sich vielleicht seiner Neigung für diesen gleich wichtigen und angenehmen Zweig menschlicher Kenntnisse und Beschäftigungen ganz überlassen haben, wenn nicht sein gleich starker Hang für die politische Sphäre durch äusserliche Veranlassungen das Uebergewicht bekommen hätte.

Drey Jahre verflossen, eh Dänemarks Wünsche in Erfüllung gingen. Aber das Schicksal wollte, daß sie nur halb erfüllt wurden. Bernstorf hatte den Schmerz, daß sein von ihm verehrter Oheim die Genugthuung nicht geniessen konnte, die Dänemark ihm zugedacht hatte. Grade in dem Augenblicke, da diesem jene Aussichten eröffnet wurden, erfüllte die

Vorsehung die noch bessern Hoffnungen, mit denen ihn die Religion in seinen Widerwärtigkeiten getröstet hatte. Ahlemanns sanfte Beredsamkeit, Sturzens blühende Einbildungskraft, Klopstocks Genius haben ihm Denkmäler errichtet, die des Gegenstandes und der Urheber würdig sind.

Unserm Bernstorf, dessen Andenken wir feyern, wurde nach seiner Zurückkunft in Dänemark die Verwaltung der auswärtigen Geschäfte und zugleich der innern Angelegenheiten der deutschen Staaten übertragen. Auch wurde er zum Mitgliede des hohen Staatsraths ernannt, in welchem die Angelegenheiten, die für die Entscheidung des Königs selbst gehören, in seiner Gegenwart überlegt und ihm zum Ausspruch vorgetragen werden.

Kaum hatte Bernstorf die Führung dieser Geschäfte übernommen, als er ein Werk zu beendigen vor sich fand, das die ganze Thätigkeit des erfahrensten Staatsmannes in Anspruch nahm. Dieß Werk war noch von seinem Oheim begonnen, und zwar der Vollendung nahe, aber doch nicht ganz zu ihr hingebracht, weil damals das minderjährige Alter dessen, von dem die völlige Entscheidung abhing, noch im Wege war. Ich brauche kaum zu sagen, daß ich von der lange gewünschten und oft, aber vergeblich verſuchten Wiederherſtellung der Freundſchaft zwiſchen den beiden Zweigen des holſteiniſchen Hauſes rede, deren unglückliche Trennung ſeit einem Jahrhunderte viel und große Uebel für die däniſchen Staaten verurſacht hatte. Bernſtorf verfolgte den Weg, den ſein Oheim ſo glücklich gegangen war. Der gegenwärtige Monarch von Rußland, damals noch Großfürſt, der die Volljährigkeit erreicht hatte, urtheilte, ohne Zweifel, daß er ſich den Beyfall künftiger Jahrhunderte und den Segen künftiger Generationen erwerben würde, wenn er ſeinen Ruhm auf eine weiſe Regierung der unermeßlichen ruſſiſchen Staaten beſchränkte, und er entſagte freywillig Anſprüchen, deren Behauptung für ihn nur geringen Vortheil mit ſich führen, und, wenn ſie mit den Waffen ſollte ausgeführt werden, viel Unglück über viel Millionen Menſchen verbreiten konnte. Die bis dahin nur gehoffte Eintracht gelangte zur Wirklichkeit, und das wieder vereinigte Holſtein unter Einer Regierung konnte ſich nun zu einem Wohlſtande erheben, der bey dem Mangel an Harmonie unter zwey Regierungen nicht möglich war.

Die Ruhe, die der Norden von Europa genoß, als Bernſtorf die auswärtigen Geſchäfte übernahm, wurde durch seine Mitwirkung mehrere Jahre erhalten. So glücklich waren andere Theile von Europa nicht, wo die immer geschäftige, immer unruhige Eifersucht den Frieden störhte, durch den der siebenjährige Krieg geendigt war. Frankreich und England erneuerten den Kampf, den sie in diesem Jahrhunderte schon dreymal gegen einander bestanden hatten. Die Bestrebungen der Americaner für die Erhaltung ihrer Rechte gaben Anlaß zu dem neuen Kriege. England sah seine Colonien in einen Bund mit Frankreich treten, und dieser Bund bekam durch Spaniens Beytritt eine überwiegende Stärke. Kraftvoll und rühmlich war der Widerstand, den die Britten, diesesmal allein und ohne Gehülfen, ihrem vereinigten dreyfachen Feinde thaten. Aber noch verließ ihr Stolz sie nicht, und sie verachteten es, sich auf Selbstvertheidigung einzuschränken. Mitten unter der Last eines Krieges, der die größten Anstrengungen nothwendig machte, verfolgten sie mit Zuversicht ihren alten und oft gelungenen Plan, sich der Herrschaft der Meere zu versichern, und sie zur Vernichtung der Handlung und Schiffahrt aller andern Völker anzuwenden. Schon glaubten sie durch das Gelingen ihrer kühnen Maaßregeln in den vorigen Kriegen ihre grundlosen Anmaaßungen in Herkommliches Recht verwandelt zu haben, und sie verlangten, daß ihre auf allen Meeren den unschuldigen Kaufmann beraubenden Kriegsschiffe und Kaper, von den Völkern, die sich über diese Gewaltthätigkeiten beschwerten, für Handhaber des Völkerrechts geachtet werden sollten; eines Völkerrechts, das nicht auf Vernunft, nicht auf den einstimmenden Willen der Völker, nicht auf Verträge gegründet war; das nur der Eigennuß und die Uebermacht der Britten dem ganzen Europa aufdringen wollte. Dänemark, Schweden und Rußland, vereinigten sich, bey diesem neuen Kriege, diesen stolzen Ansprüchen mit Nachdruck zu widersprechen, und die Rechte friedlicher Völker entschlossen zu beschützen.

Als aber diese wichtigen Angelegenheiten unterhandelt wurden, mußte Bernstorf das Opfer seiner Mäßigung werden; er wollte, daß die Maaßregeln, die in Ueberlegung waren, das ganze Gepräge der Behutsamkeit trügen, wodurch der beabsichtete Zweck hinlänglich erreicht, eine Theilnahme aber an dem Kriege, die eine nothwendige Folge lebhafterer Schritte geworden wäre, verhütet würde. Es wurde auch nachher diese von ihm empfohlne Mäßigung von allen Theilen beliebt; anfangs aber mißfiel sie einigen, die auf diese Unterhandlungen Einfluß hatten, und ihrentwegen wurde Bernstorf von seinem Posten entlassen. Er wurde aber, sobald der Kronprinz den ihm gebührenden Antheil an der Regierung nahm, auf die ehrenvollste Art zurückberufen.

Diese Zurückberufung war eine zu wichtige Begebenheit, als daß wir mit Gleichgültigkeit bey ihr vorüber eilen dürften. Es ist eine Art von Dankbarkeit, die Quelle aufzuspüren, aus der sich der Segen, den wir genießen, ergossen hat. Eine solche Quelle, an mannichfaltigen Segen ergiebige Quelle war für Dänemark Bernstorfs neue Ernennung zur Verwaltung der Geschäfte; mit ihr fieng sich die schöne, die glückliche Epoche unsrer neuesten, vaterländischen Geschichte an, die dem Menschenfreunde so wichtig und erfreulich ist. Der Wohlstand, die Ruhe, der Friede, den Dänemark, insbesondere in diesen letzten unruhvollen Zeiten genossen hat, so viel Verbesserungen in dem Zustande der Menschheit waren die erwünschten Folgen dieser ersten Maaßregel des Kronprinzen, durch die sich die Güte seiner Absichten und die Entschlossenheit seines Charakters zu erkennen gab. Diese Zurückberufung giebt zu Betrachtungen Anlaß, die die Wünsche des Volks in zuversichtliche Hofnungen verwandeln. Denn welche erfreuliche Aussichten für die Zukunft gewährt nicht die Bemerkung, daß der Kronprinz in so frühen Jahren Bernstorfs Verdienste so richtig schätzte, und das Andenken an sie so lange in seinem Herzen bewahrte? Abwesende Tugend wird unter dem wechselnden Gewühle der Höfe so leicht, so schnell, vergessen. In des Prinzen Seele erhielt sich Bernstorfs Bild mit lebendiger Kraft. Bernstorfs Zurückkunft war sein innigster Wunsch, bis der Tag erschien, wo sein Wort genug war, seinen Wunsch in Wirklichkeit zu verwandeln. Aber nicht minder wichtig und erfreulich ist auch diese Bemerkung, die von der Festigkeit der Gesinnungen des Prinzen zeugt. Diese große Achtung, die eine lange Abwesenheit nicht geschwächt, sondern genährt und befestigt hatte, erhielt sich in seinem Herzen bis zum letzten Augenblick mit wachsender Stärke. Dänemark, sieh der Zukunft mit freudiger Zuversicht entgegen! Er, der so früh sich einen Bernstorf suchte, ihn zu finden wußte, und nie in der Achtung gegen ihn wankend wurde, er wird auch künftig würdige Männer zu Besorgern deines Wohls berufen.

Ohne diese Achtung auf der einen, und ohne das Verdienst, das diese Achtung erzeugte, auf der andern Seite; ohne diese innige, und fortdaurende Harmonie des Thronerbens und Bernstorfs, würde wol Dänemark des großen Segens theilhaftig haben werden können, womit es die Vorsehung in einem Zeitpunkt überschüttet hat, wo sie über so viel andre Völker unermeßliches Unglück verhängte?

Seit dieser glücklichen Epoche, wie hat sich nicht Dänemark durch eine Menge wohlthätiger Anstalten und durch weise Gesetze ausgezeichnet! Wenn gleich die Plane zu diesen Anstalten, und die ersten Ideen zu diesen Gesetzen nicht ursprünglich Bernstorf gehörten; so ist es doch sein Verdienst, sie befördert zu haben. Von seiner vorzüglichen Gabe die Gründe für oder wider eine Sache vorzutragen, hieng meistens die Genehmigung oder Verwerfung vorgeschlagener Maaßregeln ab. Bernstorf theilt also mit den Männern, die die ersten Entwürfe zu jenen Gesetzen und Anstalten machten, den Ruhm, die Nützlichkeit ihrer Vorschläge erkannt und ihre Ausführung befördert zu haben. Auch dieses gehört zu seinen großen Verdiensten — vielen großen Männern hat es daran gefehlt, — daß er, frey von der feinern, oft sich selbst verborgnen Eigenliebe, die das Gute nur durch sich selbst ohne andrer Theilnahme bewirken will, Männer von anerkanntem Werthe, als Mitarbeiter am Wohl des Staates, zur Seite sich wünschte, und daß seine Harmonie mit diesen Männern nicht auf politische Rücksichten, sondern auf seine eigne Achtung gegen die Vorzüge ihres Geistes und Herzens gegründet war. Schwerlich sah jemals ein Staat eine vollkommnere Uebereinstimmung der Gesinnungen bey den ersten Vorstehern seiner Geschäfte, als Dänemark an den seinigen nun schon seit mehrern Jahren gesehn hat, seitdem der Kronprinz diese Männer um sich versammelte, und ihnen die große Angelegenheit seines Herzens, das Glück des Volks, zu besorgen vertraute.

Die innern Angelegenheiten eines Staates erfordern unstreitig an dem Manne, der sie verwalten soll, einen reichen Vorrath erworbner gründlicher Kenntnisse, einen aufmerksamen, leicht und richtig fassenden Verstand, und eine scharfe und geübte Urtheilskraft. Aber es sind mehr noch Eigenschaften des Charakters, als des Geistes, es sind mehr noch Tugenden als Talente, die ein Staatsmann auf diesem Posten besitzen muß, wenn er seiner Bestimmung würdig seyn, wenn er die ihm obliegenden Pflichten erfüllen will. Es sind die, weniger gepriesnen, aber wesentlichen Tugenden, Ordnungsliebe und Arbeitsamkeit. Es giebt Tugenden, die um denjenigen, der sie ausübt, einen gewissen Glanz verbreiten, die ihm lauten Beyfall erwerben, und dieser Beyfall, dieser Glanz sind ein mächtiger Reiz, der ihre Ausübung demjenigen erleichtert, der für Ruhm und Ehre empfindlich ist. Ordnungsliebe und Arbeitsamkeit wirken im Stillen, ihre Wirkungen zeigen sich langsam und ohne Geräusch; aber sie sind groß und bleibend. Ordnung und Arbeitsamkeit sind für einen ehrgeizigen, für einen feurigen Charakter vielleicht die beschwerlichsten Pflichten, weil sie täglich und ohne jene Aufmunterungen müssen ausgeübt werden. Wo also Ordnung und Arbeitsamkeit der herrschende Charakter einer Verwaltung sind, da muß ein edlerer Beweggrund, als der Ruhm, da muß die reinste Pflichtliebe die herrschende Triebfeder in der Seele des Staatsmanns seyn. Wo diese Tugenden fehlen, wie manches Geschäft wird versäumt, oder zu schnell, zu leicht, zu flüchtig behandelt? wie mancher Entschluß wird da gefaßt, wie manche Maaßregel ergriffen, die auf keine hinlängliche Untersuchung, auf keine genaue Erwägung aller Umstände gegründet war?

Bernstorf, der von sich bekannte, in seiner Jugend Abwechslung der Beschäftigungen ohne Methode geliebt zu haben, band sich, als Minister, an die strengste Ordnung, und jeder Tag war der Arbeit gewidmet. Wenige Stunden wurden der

Erhohlung gestattet. Seine Pflichtliebe überwand die Ungeduld, die die tägliche Wiederkunft einförmiger Arbeiten bey einem lebhaften Charakter so leicht erregt. Jede Angelegenheit, jede Sache, die zu seiner Verwaltung gehörte, wurde zu rechter Zeit beendigt. Jede Antwort, jede Entscheidung, die er ertheilte, führte die Merkmale vorhergegangener, sorgfältiger Ueberlegung mit sich. **Pflicht und Dienst leiden keinen Aufschub**, das war die Regel, die er nicht bloß im Munde führte, die er mit der strengsten Gewissenhaftigkeit befolgte. Denn Wahrheit, Uebereinstimmung im Reden und Handeln war ein Hauptzug in seinem Charakter.

Auf die innere Verwaltung der Staaten ist Europens Aufmerksamkeit selten gerichtet. Nur das Ungewöhnliche, das Ausserordentliche reizt seine Neugier. Der treueste, der weiseste, der beste Besorger der innern Angelegenheiten eines Volkes wird oft dem übrigen Europa unbekannt bleiben: er muß sich mit dem bloßen Beyfall seines eignen Volkes, ja, nicht selten von diesem verkannt, muß er sich mit dem Zeugniß seines eignen Gewissens begnügen. Wenn sich aber seine Verwaltung durch neue, ungewöhnliche Maaßregeln unterscheidet, es mögen wohlthätige, oder schädliche, oder auch zwey=

deutige Maaßregeln seyn; wenn er zu Gesetzen räth, in denen ein Geist herrscht, der bis dahin auf die Gesetzgebungen in Europa keinen Einfluß hatte, es sey ein Geist der Gerechtigkeit und Weisheit, oder von entgegengesetztem oder auch von zweifelhaftem Charakter; so wird Europens Aufmerksamkeit rege, so frägt es nach den Urhebern solcher Gesetze.

Einige der Gesetze, die Dänemark seit jener Epoche aus den Händen der Männer empfangen hat, die mit Bernstorf die Verwaltung der innern Geschäfte besorgten, sind das Werk eines Geistes, der bis dahin nur einzelnen Menschenfreunden fromme Wünsche, aber noch keinem Gesetzgeber Vorsatz und Entschluß eingegeben hatte; von einem Geiste, der große und gute Absichten durch unbetretne Wege zu erreichen sucht; von einem Geiste, der die Veredlung der Menschheit zur Absicht hat.

Jener die Menschheit entehrende Handel, der Handel mit Menschen, wurde abgeschafft. In den europäischen Staaten des Königs wurden Vorbereitungen gemacht, dem leibeigenen Landmann Freyheit und Eigenthum zu verschaffen. Die öffentliche Mittheilung der Gedanken, ohne die keine wichtigen Fortschritte zur Vervollkommnung des menschlichen Geschlechtes möglich sind, wurde in einem reichen

Maaße gestattet, zu einer Zeit, wo andre Regierungen in dieser Freyheit eine Quelle tausendfacher Uebel zu erblicken glaubten, und aus ängstlicher Besorgniß sie zu vernichten suchten.

Den Furchtsamen, die immer noch die wohlthätigen Folgen solcher Maaßregeln bezweifeln; die immer noch das Alte, das Hergebrachte, für die einzige, für die sicherste Regel halten; die das Stillstehn auf der einmal erreichten Stufe als Klugheitspflicht betrachten; denen jedes Emporstreben zu höhern Vollkommenheiten Verwegenheit scheint; diesen furchtsamen Zweiflern wollen wir Bernstorfs Namen nennen. Er, der an Scharfsicht, die Folgen einer Maaßregel zu berechnen, von keinem übertroffen wurde, er hat diese Maaßregeln gebilligt, befördert. Wo er nicht zweifelte, da können die Zweifel nicht erheblich seyn; wo er hoffte, da müssen überwiegende Gründe zur Hoffnung seyn; wo sein Beyfall Maaßregeln genehmigte, da können wir sicher auf ihre Zweckmäßigkeit, auf ihre unfehlbare Wirksamkeit zum Besten der Menschheit rechnen.

Weit öfterer, weit anhaltender, weit stärker, als die innere Verwaltung der Staaten, zieht ihr Benehmen bey auswärtigen Angelegenheiten die allgemeine Aufmerksamkeit auf sich, weil diese Angelegenheiten und die Art, wie sie behandelt werden, großen Einfluß auf den Zustand der andern Nationen haben. Das allgemeine Wohl von Europa, die Erhaltung oder Stöhrung des Friedens hängt oft von einem einzigen Entschluß einer Regierung ab, und die Denkungsart und der Charakter eines einzigen Mannes, dem diese Angelegenheiten vertrauet werden, entscheidet oft das Glück oder Unglück eines ganzen Welttheils auf mehrere Jahre. Ist er unruhig, ruhmsüchtig, und in der Schule einer falschen Staatskunst gebildet, so zündet er aller Orten Kriegsflammen an, die einen allgemeinen Brand über Europa verbreiten. Wenn er hingegen von seiner großen, von seiner erhabnen Bestimmung würdige Begriffe hat, wenn ihm das Wohl der Völker mehr am Herzen liegt, als der Glanz seines Namens, so wacht er sorgfältig, daß jeder Funken im Entstehen gelöscht, und jeder Ausbruch eines Krieges verhütet werde.

Es ist ein großer Beruf, die auswärtigen Geschäfte eines Staates zu besorgen. Der Mann, dem ihre Verwaltung übertragen wird, gehört nicht bloß seiner Nation, er gehört dem ganzen Europa an. Er soll die Rechte der Völker, ihre Verhältnisse und ihre Verbindungen kennen; er soll die Begebenheiten wissen, die diese Verhältnisse und Verbindungen hervorgebracht haben, um sich ihre Natur, ihre Absichten und Wirkungen erklären zu können; um durch die Analogie vorher zu sehn, was für Veränderungen neue Begebenheiten in diesen Verhältnissen und Verbindungen veranlassen können. Seine Wachsamkeit soll die Rechte seiner Nation erhalten, und sie sollen, wenn sie gekränkt werden, einen beredten und weisen Vertheidiger in ihm finden. Er soll beurtheilen, was für Vortheil oder Schaden aus neuen Verbindungen der Staaten nicht bloß für den seinigen, sondern für das ganze System erwachsen können; er soll von allen den möglichen Verbindungen, wozu oft Anlaß gegeben wird, diejenigen wählen, die für seinen Staat die nützlichsten sind; die schädlichen und lästigen mit Klugheit vermeiden. Aber oft trügt der Schein, und die lockende Mine, unter welcher eine angetragene Verbindung sich empfiehlt, verbirgt den großen Nachtheil und die beschwerlichen Lasten, die sie mit sich führt. Dem Verwalter der auswärtigen Geschäfte soll der Inhalt der Verträge bekannt seyn, die ein Gesetzbuch für die Völker sind; er soll die Geschichte der vor den Verträgen hergegangnen Unterhandlungen wissen, nicht bloß um aus ihnen den rechten Sinn dunkler Stellen herzuleiten, sondern mehr noch, um aus ihnen den Geist der Verträge zu erkennen, und ihre Kraft, wie sie war, noch ist, oder nicht mehr ist, zu berechnen. Die Verhältnisse und Verbindungen der Völker werden mit den Fortschritten der Zeit immer mehr und mehr verwickelt; sie ändern sich beständig; dem wachsamen Staatsmann soll keine, auch nicht die kleinste dieser Veränderungen unbekannt bleiben; jede hat Einfluß auf das Ganze; jede kann in ihren Folgen auch dem Staate, dem er dienet, wichtig werden. Ihm soll die Verfassung eines jeden Landes, ihm soll der Geist eines jeden Volkes, eines jeden Fürsten, eines jeden ihrer Räthe von einigem Einfluß, ihm sollen die Denkungsarten, die Neigungen, die Vorurtheile, die Leidenschaften der Vorsteher der Völker aufgedeckt vor Augen liegen; denn nur eine richtige Kenntniß aller dieser Umstände kann ihn in seinen Maaßregeln sicher leiten. Er soll nicht bloß die äußere Gestalt, die Mine der Regierungen kennen; er soll ihre geheimsten Triebfedern, ihre verborgensten Absichten, mit spähenden, ungetäuschten, richtigen Blicken durchschauen. Er soll sich, durch Unpartheylichkeit und Klugheit, das Vertrauen und die Achtung der Nationen erwerben, und er soll insbesondre dann zeigen, daß er ihres

Vertrauens und ihrer Achtung würdig sey), wenn sie sich an ihn, als einen Vermittler wichtiger Unterhandlungen, wenden. Es soll ihm weder an Entschlossenheit, noch an Bedächtlichkeit fehlen; er soll Standhaftigkeit mit Biegsamkeit zu vereinigen wissen. Die furchtbarsten Gewitter am politischen Himmel sollen ihn nicht um die Besonnenheit bringen, und die oft täuschende Stille allgemeinen Friedens soll ihn nicht sicher machen.

Doch es ist nicht genug, daß er große Eigenschaften des Geistes besitze. Wehe den Völkern, wehe selbst dem Staate, dem er dient, wenn er glaubt, der Tugend, der Rechtschaffenheit bey seiner Verwaltung entbehren zu können; wenn falsche Ruhmsucht die Triebfeder seiner Handlungen ist; wenn er die Vorschriften der Gerechtigkeit nicht achtet; wenn er, als Staatsmann, sich erlaubt, was er, als gewissenhafter Mensch, sich nicht erlauben würde. Im Rathe der Völker, wo über ihre Angelegenheiten gehandelt und beschlossen wird, soll auch, und soll vor allen andern, die Stimme des Rechts und der Wahrheit gehört werden, und sie soll sich vorzüglich aus seinem Munde hören lassen, weil er es ist, der, seinem Berufe nach, die gegenseitigen Rechte und Pflichten der Völker besser, wie jeder andre, kennen soll. Er soll nie vergessen, daß er für das allgemeine Wohl der Menschheit verantwortlich ist. Seine Thorheit oder Gewissenlosigkeit wird den Krieg entfesseln, den weisere oder tugendhaftere Minister gebunden hatten. Das Cabinett eines unruhigen, von falscher Ruhmgier verblendeten, die Gerechtigkeit nicht achtenden Ministers gleicht jener Höle des Dichters, worin Plagen ohne Ende für die Menschen von bösartigen Wesen bereitet werden. Es ist Pflicht der Geschichte, solche unweise oder gewissenlose Räthe der Völker, als Verbrecher gegen das menschliche Geschlecht zu zeichnen, weil sie es wirklich sind.

Bernstorfs Verwaltung hatte nicht bloß den Charakter vorzüglicher Klugheit, sondern auch den der Gerechtigkeit, der gewissenhaften Beobachtung des Völkerrechts. Jener machte sie glänzend, dieser ehrwürdig. Es ist wichtig für die Menschheit, daß die Geschichte sich vorzüglich angelegen seyn lasse, diesen Charakter Bernstorfs in sein gehöriges Licht zu stellen.

Diese Achtung für die Heiligkeit der Verträge machte es Dänemark zur Pflicht, als Bundesgenosse Rußlands, an einem Kriege Theil zu nehmen, wozu nichts als diese Pflicht, das Versprochne zu leisten, rathen konnte.

Dänemark gehört zu den glücklichen Staaten, denen ihre geographische Lage, die Erhaltung des Friedens erleichtert. Mehrentheils vom Meere umgeben, befindet es sich auf einem Standpunkte, wo es, fern von den gewöhnlichen Schauplätzen der Kriege, mitten unter ihren Stürmen der Ruhe genießen kann. Diesen großen Vortheil hat ihm die Weisheit seiner Monarchen noch mehr gesichert. Ihre Vorsicht hat gesucht, jeden Saamen zu vernichten, aus dem Streitigkeiten oder Kriege erwachsen könnten. Sie sind von jeher darauf bedacht gewesen, durch klare und deutliche Verträge jedem Anlaß, jeder Unbestimmtheit vorzukommen, die zur Entscheidung durch die Waffen führen könnte. In allen Hinsichten sind Dänemarks Verhältnisse zu andern Staaten durch Verträge bestimmt. So verhält sichs mit seinen Besitzungen, mit seinen Grenzen; so verhält sichs mit seinen Rechten in Ansehung der Handlung und Schiffahrt, die ihm von so großer Wichtigkeit sind. Fast aller Möglichkeit eines Streites hierüber ist durch die ausdrücklichste und feyerlichste Anerkennung seiner Rechte von allen Nationen durch die bündigsten Verträge vorgebaut. Wenn mit dem einzigen England darüber Streit entstand, so war es nicht, weil irgend ein Artikel in den Verträgen dunkel oder zweydeutig gewesen wäre, sondern weil England, indem es den klaren Inhalt der Verträge zugestand, um vorgegebener besondrer Umstände willen von Dänemark verlangte, daß es in die Kränkung, in die Vernichtung seiner offenbaren Rechte willigen sollte.

Indem solchergestalt theils die Natur, theils die Vorsicht seiner Monarchen dem dänischen Volke den Genuß des Friedens gesichert hatten, war nur ein einziger Vertrag, der es Dänemark zur Pflicht machen konnte, die Waffen zu ergreifen. Die Verfassung von Europa hat schon längst jeden Staate in die Nothwendigkeit gesetzt, sich mit dem einen oder dem andern näher, als mit den übrigen zu verbinden. Die Wahl dieser Verbindungen ist das Werk der Klugheit. In mehrern Hinsichten war Rußland der Staat, den sich Dänemark zum Bundesgenossen wünschen mußte. Diesem Bundesgenossen also leistete Dänemark im Kriege wider Schweden die versprochene Hülfe. Pflicht und Ehre geboten es, und Dänemark gab, wie immer, auch diesesmal der Pflicht und Ehre Gehör.

Pflicht und Ehre! — Mich dünkt, ich sehe das Lächeln derer, die sich in die höhere Politik eingeweiht glauben. Sittlichkeit der Staaten ist ihr

Gespött. Und doch sollten die Erfahrungen aller Völker sie längst überzeugt haben, daß Sittlichkeit unter den Menschen verschwinden muß, wenn ihre Vorsteher aufhören, Achtung für sie zu beweisen. Nie war es wichtiger, an diese Wahrheit zu erinnern. Glaubt es, ihr Häupter der Völker, wenn ihr mit Worten oder Thaten bekennet, daß es für euch ein größeres, ein angelegneres Interesse giebt, als Tugend und Recht; so wird sich diese heillose Lehre bald aus euren Palläsien bis in die niedrigsten Hütten hinab verbreiten. Der geringere wird sie von den höhern lernen, und eilen sie in Ausübung zu bringen. Wenn dann allgemeines Verderben sein Daseyn durch schreckliche Wirkungen verkündigt; so sieht ihr betroffen; so sucht ihr die Ursache in unschuldigen Dingen. Sie liegt euch näher, als ihr glaubt; sie liegt in dem Beyspiel, das ihr gegeben habt.

Da indessen die allgemeine Verbreitung des Krieges, die Rußland selbst nicht wünschte, nur dadurch konnte verhütet werden, daß Dänemark die aus Bundestreue ergriffenen Waffen niederlegte; so wurde der Friede zwischen ihm und Schweden bald wieder hergestellt.

Einige Jahre nachher wurde Dänemark von England und Preussen ersucht, die Einleitung eines

Friedens zwischen Rußland und der Pforte zu übernehmen. Der Auftrag war eben so schwer, als wichtig. Von seinem Ausgange schien es abzuhängen, nicht nur ob der Krieg in Süden ein Ende nehmen, sondern auch ob ein neuer Krieg im Norden würde verhütet werden. Und dieser neue Krieg würde unabsehbare, unglückliche Folgen für das nördliche Europa hervorgebracht haben. Rußlands Heere und Flotten hatten die entschiedensten Siege erfochten; nie war die Pforte so erschüttert worden. Rußland, als angegriffener Theil, als Sieger, konnte nach dem natürlichen sowohl als angenommenen Völkerrechte auf einige der von ihm eroberten Provinzen Anspruch machen. Aber England und Preussen hatten sich für Beschützer der Pforte erklärt, und sie verlangten, daß Rußland allen seinen Eroberungen entsagen sollte. So viel blutige Siege sollten für Rußland fruchtlos bleiben. Diese Foderung der beiden mit einander verbundenen Mächte, diese harte Zumuthung, der Monarchinn Rußlands, der Bundesgenossinn, der Freundinn Dänemarks, mitten im Laufe ihrer glänzenden Siege, vorzulegen, war ein bedenkliches Geschäft. Aber, wenn es abgelehnt wurde, schien der Krieg zwischen beiden Mächten und Rußland unvermeidlich, und wie unglücklich war die Aussicht für das nördliche Europa, wenn die beginnende Feindschaft zwischen England und Rußland sowohl als zwischen Rußland und Preußen durch den wirklichen Ausbruch des Krieges Nahrung und Stärke bekommen hätte. Dänemark in der Mitte zwischen England und Rußland mußte die traurigsten Folgen besorgen. Bernstorf übernahm die mit so viel Schwierigkeiten verknüpfte Unterhandlung, ob es gleich zu erwarten war, daß Rußland nie in Bedingungen willigen würde, die kein Sieger sich gefallen ließ, wenn sie nicht von augenscheinlicher Uebermacht vorgeschrieben wurden. Rußlands Antwort war dem Gefühle seiner Kräfte angemessen; aber weise und gemäßigt, und bloß seine Mäßigung ließ noch einen Weg übrig, die schon glimmenden Funken zu ersticken. Eindringend und mit der edelsten, rührendsten Beredsamkeit empfahl Bernstorf den vereinigten Mächten, diesen Weg zu betreten. Die Schriften liegen der Welt vor Augen, wodurch er das angefangene, schwere Werk zu vollenden suchte; sie allein können zum überzeugenden Denkmal dienen, daß Angelegenheiten von der Wichtigkeit und Schwierigkeit keinem weisern und beredtern Unterhändler vertraut werden konnten; sie können zum Beweise dienen, welche große Achtung, welch ein großes Vertrauen die mächtigsten Höfe in seine Klugheit und Rechtschaffenheit setzten. Diese Schriften erinnern denjenigen, der mit den großen Auftritten der alten Geschichte bekannt ist, an den beredten und tugendhaften Römer, der zwischen einen Cäsar und Pompejus in die Mitte trat und so gern Aussöhnung und Frieden gestiftet hätte. Aber das Schicksal hatte Roms Verderben beschlossen, und Cicero hatte den Schmerz, daß seine Beredsamkeit, die so oft die Unschlüssigkeit des Senats entschieden, und in den Volksversammlungen die wilden Ströme der Leidenschaften nach Einem Ziele hatte zu leiten gewußt, bey diesen Ehrsüchtigen nichts vermochte. Auch Bernstorfs Bemühungen waren anfangs nicht von dem erwünschten Erfolge begleitet, doch scheinen sie nicht ohne wirksamen Einfluß geblieben zu seyn. England erklärte, zur Unterstützung der Pforte eine Flotte nach der Ostsee senden zu wollen. Dänemark erklärte, daß es auch diesesmal, wenn England bey seinem Vorsatz beharrte, Bundestreue gegen Rußland beweisen würde. Auch wurde von dänischer Seite Befehl zur Ausrüstung einer Flotte gegeben. Indeß England vollzog seinen angekündigten Vorsatz nicht, und der Friede zwischen Rußland und der Pforte wurde ohne Vermittler geschlossen.

Noch während dieser Unterhandlungen hatten sich in einem andern Theile von Europa Scenen eröffnet von so ausserordentlicher Natur und Beschaffenheit, daß sie alles übertrafen, was die Jahrbücher der Welt an großen, an erstaunungswürdigen Revolutionen enthalten. In einem der mächtigsten und cultivirtesten Staaten hatte ein Monarch von liebenswürdigen Eigenschaften, voll der besten Absichten, die Repräsentanten seines Volkes um sich versammelt, um mit ihnen Maaßregeln zu überlegen, Mißbräuche, die seit Jahrhunderten tiefe Wurzeln geschossen hatten, auszurotten, und die Verfassung nach dem Wunsch vieler guten, rechtschaffnen Männer so zu verbessern, daß das Glück der Nation dadurch gesichert würde. Aber das Schicksal wollte, daß Eigennutz, Herrschsucht, Ruhmsucht, und alle selbstsüchtigen ungestümen Leidenschaften die ruhige Weisheit verdrängten, die allein die Baumeisterin des großen Werkes hätte seyn sollen, und nun wurde das unglückliche Frankreich ein Opfer der Wuth und Erbitterung, womit verblendete, verführte, gewissenlose Parteyen einander verfolgten. Diejenige von diesen Parteyen, welcher das Glück eine Weile Allgewalt verlieh, ergriff Maaßregeln, die einige auswärtige Mächte mit den Waffen zu ahnden nöthig glaubten.

Der Geschichte gebühret es, in künftigen, ruhigen Zeiten die Ursachen, Triebfedern, Vorurtheile, Meinungen und Leidenschaften, die mannichfaltigen Bewegungsgründe und Absichten aus einander zu setzen, die seit dieser unglücklichen Epoche eine Verwirrung aus der andern erzeugten, und den politischen nicht nur, sondern auch den moralischen Zustand Europens in ein ungeheures, finstres Chaos verwandelt haben, dessen Umbildung in eine ordnungsvolle und dem menschlichen Geschlechte wohlthätige Gestalt alle Rechtschaffnen mit ängstlicher Sehnsucht erwarten.

Bey einem Kriege von der Art, wie derjenige ist, der seit dieser Epoche seinen Anfang nahm, konnte es nicht fehlen, die Meinungen und Wünsche der Menschen mußten von einander weit verschiedner seyn, als sie über öffentliche Begebenheiten oder Angelegenheiten je gewesen sind. Sowohl die Veranlassungen und Ursachen der jetzigen Verwirrungen, als die verschiednen möglichen Auflösungen, die ihnen ein Ende machen können, und von denen der künftige bessere oder schlechtere Zustand der Menschheit abhängt, werden von jedem aus seinem eignen besondern Gesichtspunkte betrachtet. Bernstorf hatte, ohne Zweifel, den seinigen. Hier aber ist es, wo seine Tugend, als Staatsmann im ehrwürdigsten

Lichte erscheint. Denn was ist Tugend? Ist sie nicht die entschloßne, die standhafte Befolgung der Pflicht, wenn sie gleich die Aufopferung der eignen Neigungen erfodert? Nicht seine persönlichen Wünsche, sondern die Grundsätze des Völkerrechts, und die Pflicht, die er dem Staate, dem er diente, schuldig war, wurden von Bernstorf zu Rathe gezogen, als Dänemark von einigen Mächten zur Theilnahme an diesem Kriege eingeladen wurde. Er verleugnete den Menschen, um als gewissenhafter Staatsbediente seine Pflicht zu erfüllen.

Einladungen zu Bündnissen werden gewöhnlich mit Anerbietungen von mehr oder minder glänzenden Vortheilen begleitet. Wahrscheinlich lagen auch solche bey den Unterhandlungen zum Grunde, die in unsern Tagen so große Verbindungen der Mächte hervorbrachten. Doch der Schleyer des Geheimnisses, den nur die Zeit ganz zu heben mag, deckt dieses noch. Wir wagen es nicht, ihn zu verschieben. Nur das sey uns vergönnt zu sagen, nur das werde auch den Zeitgenossen schon bekannt, daß unser Bernstorf Gelegenheit gefunden, ohne Rückhalt zu äussern: "Dänemark wolle auf keine Weise die Unruhen anderer Reiche zu seinem Vortheile benutzen, und nur dann in ein Bündniß sich einlaß sen, wenn die Verbündeten zur ersten Grundlage desselben das gegenseitige, heilige und unverbrüchliche Versprechen machen würden, sich bloß zu gemeinsamer Sicherheit und zur Herstellung der Ruhe des erschütterten Europas, keinesweges aber zur Erreichung geheimer, eigennütziger Absichten zu vereinigen." — Möge die unpartheyische Nachwelt entscheiden, ob irgend eine Geschichte alter und neuer Zeit etwas Größeres und Edleres, einen reineren Zug wahrer Tugend und unbestechlicher Mäßigung anzuführen habe!

Dänemark erklärte, daß es, den Grundsätzen des Völkerrechts gemäß, und der Pflicht zufolge, die es sich selber schuldig sey, die genaueste Unpartheylichkeit beobachten wolle.

Neue Vorstellungen wurden versucht, Dänemarks Gesinnungen wanken zu machen. Lasset uns nie vergessen, wie Dänemarks König sich von neuem erklärte: "Für mein Volk den Frieden zu erhalten, "das seiner bedarf, das ist mein Wunsch, der meine "Entschlüsse bestimmen muß." So lautete die schöne, die erhabne Antwort, die Bernstorf im Namen des Königs dem brittischen Gesandten ertheilte.

Dieser Gesandte kündigte die unerhörten Maaßregeln an, durch die England die schrecklichste Folge des Krieges, den Hunger, auch über diejenigen Volksklassen in Frankreich zu bringen dachte, die sonst das Völkerrecht zu schonen befiehlt. Der Gesandte kündigte an, daß England, um diese Absicht zu erreichen, den Dänen ihren rechtmäßigen, zu allen Zeiten, in dem Sinne des Völkerrechts für unschuldig gehaltnen Handel, einen Handel, wozu Dänemark durch den ausdrücklichen Inhalt seiner Verträge mit England berechtigt war, gewaltsamer Weise verwehren wolle.

Mit Entschlossenheit, mit Würde, mit Nachdruck widersprach Bernstorf diesen Anmaaßungen des brittischen Hofes, und foderte ihn mit feyerlicher, fester Stimme auf, die Verträge zu halten, die Dänemark immer aufs gewissenhafteste gehalten hatte. Er zeigte die Grundlosigkeit der Behauptungen, womit England seine ausserordentlichen Maaßregeln rechtfertigen wollte, mit einer Deutlichkeit und Stärke, der selbst in England lebhafter, warmer Beyfall gegeben wurde.

Ueber jene Maaßregel selbst, allgemeinen Hunger über Frankreich zu bringen, die die Geschichte künftig würdigen wird, gab Bernstorf seine Mißbilligung mit einer Freymüthigkeit zu erkennen, die, wenn sie nicht zum Unglück für die Menschheit so

selten wäre, wenn sie jeder ungerechten Entschließ:
sung bey ihrer ersten Erscheinung entgegen träte,
Recht und Wahrheit, wo nicht immer, doch wenig:
stens oft gegen die Angriffe willkührlicher Macht mit
glücklichem Erfolge vertheidigen würde. Mit einem
Anscheine von Zweifel, der im Grunde die stärkste
Behauptung war, legte er dem englischen Hofe die
Bedenklichkeit vor, ob es die Gerechtigkeit billigen
würde, das schrecklichste der Uebel, die der Krieg
erzeugt, über die unschuldigen Bewohner eines Lan:
des, die schon unbeschreiblich litten, bringen zu
wollen? und er erinnerte an einen Zeitpunkt, wo
England selbst das Ungerechte solcher Maaßregeln
mißbilliget hatte.

Da indessen Dänemark, da auch Schweden, das
ebenfalls an dem Kriege keinen Theil nahm, sich
wiederholten Angriffen auf ihre unstreitigen, und
ihnen so wesentlich wichtigen Rechte ausgesetzt sahen;
so gaben diese fortgesetzten Kränkungen Anlaß, daß
beide Staaten freundschaftlich zusammen traten, und
aus der Vertheidigung ihrer Rechte eine gemeinschaft:
liche Sache machten. So wurden Dänemarks Rechte
behauptet und seine friedliche Schiffahrt beschützt.

In dieser Lage Dänemarks war Bernstorf der
Mann, würdig der Redner eines mit solchen Zu:

muthungen wiederhohlt angesprochnen, eines in seinen wichtigsten Rechten gekränkten Staates zu seyn. Das Bewußtseyn einer gerechten Sache, von Klugheit begleitet, sprach aus seinem Munde, führte seine Feder. Die Geschichte wird seine schriftlichen Antworten aufbewahren, und die Nachwelt wird in ihnen die seltne, die glückliche und ihre Absicht fast nie verfehlende Kunst bewundern, die Stärke der Gründe, die in der Sache liegen, mit der Weisheit des Vortrages zu verbinden, die sich nach dem Gemüthe dessen richtet, auf den der Vortrag wirken soll. Ich darf behaupten, daß diese glückliche Mischung den Staatsschriften Bernstorfs einen eigenthümlichen, interessanten Charakter giebt, der auch Leser anziehn muß, die sonst nicht Staatsschriften zu lesen pflegen.

In der Geschichte findet sich vielleicht kein Beyspiel von einer so bedenklichen Lage, worin ein Staatsmann sich befunden hätte, wo so viel Stärke des Geistes und zugleich so viel Biegsamkeit, wo so viel Entschlossenheit und zugleich so viel Behutsamkeit erfodert wäre. Jede neue Erklärung, die bald der eine, bald der andere Theil von Dänemark verlangte, und die der andre, noch ehe sie gegeben wurde, partheyisch zu finden, wo nicht den Vorsatz, doch die Neigung hatte, wurde von Bernstorf so gegeben, daß beide Theile ihre wirkliche Unpartheylichkeit anerkennen mußten.

In jener berühmten Lobrede eines der beredtesten Römer auf einen der besten Kaiser, auf den Trajan, wagt der Redner, der jüngere Plinius, einen kühnen Gedanken. Das fruchtbare Aegypten, das mit seinem Ueberfluß die ungeheure Hauptstadt des ungeheuren römischen Reichs versorgte, sah sich in einem unglücklichen Jahre außer Stande, nicht nur diesen Ueberfluß zu liefern, sondern seine eignen Einwohner nothdürftig zu ernähren. Gegen den gewöhnlichen Lauf der Natur, der seit Jahrhunderten ununterbrochne Regel war, hatte der Nil seine befruchtenden Gewässer über die Aecker Aegyptens nicht verbreitet; die unerquickten, ausgedörrten Felder hatten keine Früchte getragen, und Aegypten empfand den Hunger, gegen den sonst so viel Provinzen in seinen Erndten Sicherheit fanden. Aber die Wachsamkeit, die Thätigkeit, die Maaßregeln Trajans ersetzten den Mangel, der das ganze Reich bedrohte. Plinius macht über diesen Vorfall die Bemerkung, diese ungewöhnliche Unfruchtbarkeit Aegyptens sey damals von der Vorsehung vielleicht absichtlich verhängt worden, um dem Monarchen Gelegenheit zu verschaffen, der ganzen Welt von der Vortrefflichkeit seiner Regierung die überzeugendsten, augenscheinlichsten Beweise zu geben. Solche Urtheile, solche Muthmaaßungen über die Absichten der Vorsehung sind Vermessenheit. Aber ohne Unbescheidenheit, ohne Vermessenheit läßt sich behaupten, daß, so wie dort allgemeiner Mangel, allgemeines Elend über die römischen Provinzen würde gekommen seyn, wenn nicht grade zu der Zeit durch den Rath der Vorsehung ein weiser und thätiger Trajan die Regierung geführt hätte, daß eben so Dänemark, sage ich, den mannichfaltigen und großen Gefahren, die es von allen Seiten bedrohten, nicht so glücklich würde entgangen seyn, wenn ihm nicht die Vorsehung in diesen Zeiten einen so vorausse, henden, so wachsamen, so weisen Besorger seiner Angelegenheiten, wie Bernstorf war, verliehen hätte. Denn unstreitig war es die Frucht seines klugen, gerechten und standhaften Betragens, daß Dänemark fortdauernd des Friedens genoß, während der Krieg immer weiter und immer heftiger um sich griff. Immer ist der Friede ein großes Gut, aber sein Werth steigt in eben dem Verhältniß, in welchem die Schwierigkeiten, ihn zu erhalten, sich vermehren, der Schauplatz des Krieges sich erweitert, die krieg:

führenden Partheyen gegen einander erbitterter, und ihre Maaßregeln heftiger und gewaltsamer werden. Und in diesen Hinsichten war wohl kein Krieg in den letzten Jahrhunderten dem gegenwärtigen zu vergleichen. Europens schönste Hälfte war in ein unermeßliches Schlachtfeld verwandelt. Vertilgte Millionen wurden durch neue ersetzt, die von allen Enden und Orten aufgeboten wurden. Verwüstungen, Verheerungen begleiten jeden Krieg; aber nie wurden der Länder so viel verheert, und nie wurde der friedliche Bürger, der wehrlose Landmann so zu Boden getreten, und dieß nicht bloß durch die Gewaltthätigkeit, durch die Raubsucht, durch die Wildheit zügelloser Krieger, sondern mehr noch durch Erpressungen, durch unerschwingliche Abgaben, die mit solcher Härte, mit so offenbarer Absicht die Völker zu Grunde zu richten, noch nie gefodert wurden. Einschränkung, Schwächung war ehemals, was der Besiegte zu fürchten hatte, und das Ziel, womit sich der Sieger begnügte. Gänzlicher Untergang, völlige Vernichtung war dießmal die Absicht des Siegers, und das Schicksal, das den Besiegten bedrohte. Nie wurden so viel, nie so große politische Kräfte zerstört; Kräfte in viel Jahrhunderten gesammelt; Kräfte, die den Staaten eine ewige Dauer zu versprechen schienen; ein Augenblick vernichtete sie; das betäubte Europa begreift noch ihren Untergang nicht.

Wie dort in dem Gemählde des Dichters die Gottheit ihren Blick von den gehäuften Leichen und von den blutigen Strömen eines Schlachtfeldes hinweg nach dem glücklichen Lande ruhiger, unschuldiger Völker wandte, so wird der künftige Geschichtschreiber, mitten unter den gehäuften, erschütternden Scenen des schrecklichen Krieges, dem ermüdeten Leser von Zeit zu Zeit einen Ruhepunkt geben, und ihn zur Erhohlung seine Blicke auf das glückliche Dänemark richten lassen.

Die Nachwelt wird dann wünschen, den Mann genauer zu kennen, dem Dänemark dieß Glück zu danken hatte. Sie wird wünschen, die Eigenschaften des Geistes und Charakters näher zu kennen, wodurch Bernstorf fähig war, die schwersten Aufgaben, die je der Weisheit eines Staatsmanns vorgelegt wurden, so glücklich zu lösen. Ihr, die ihr einst in eurem eignen Gefühle für Recht und Wahrheit, und in der Energie eures Geistes den Beruf empfindet, die Geschichte unsrer Zeiten den kommenden Jahrhunderten mit der Stärke und mit den Farben eines Tacitus darzustellen, wie werden sich eure Herzen erheben, wie werden Kraft und Feuer euren

Ausdruck beseelen, wenn ihr künftigen Staatsmännern das Geheimniß entdeckt, daß es keine Verschlagenheit, keine List, keine Erfindungen einer schwachen, furchtsamen Staatskunst waren, die ihn so sicher zu seinem Ziele führten; sondern es war die innige, vollkommne, unerschütterliche Achtung für Recht und Pflicht, es war die gewissenhafteste Beobachtung des Völkerrechts, es war die willigste, die treueste, die vollkommenste Erfüllung der Verträge, es war das Selbstbewußtseyn der Rechtschaffenheit, was allen Erklärungen, allen Antworten, die Dänemark durch seinen Bernstorf ertheilte, jene hohe Würde, jene unwiderstehliche Stärke gab, für die selbst die drohende Uebermacht Achtung empfand. Um die Welt, die zu ihrem eignen Schaden an diese Kraft der Rechtschaffenheit nicht glauben will, von der Wahrheit dieser Behauptung zu überzeugen, werdet ihr Bernstorfs Schriften lesen, durch sie euch ganz in seine Denkungsart versetzen, mit seinen Gesinnungen eure Seele nähren, und seine Beredsamkeit zu eurer eignen machen.

Vielleicht werdet ihr der Nachwelt einen ganz andern Geist, der in andern Staaten herrschte, enthüllen müssen. Dort gab es Männer, die zum Unglück der Menschheit große Staatsmänner zu seyn sich dünkten, wenn sie unabläßig den Frieden stöhrten. Sie streuten den Saamen der Zwietracht aus, daß alles Vertrauen unter den Völkern verschwand, und jedem von ihnen die Absichten der andern verdächtig wurden, und daß der anscheinende Friede ein beständiges Vorbereiten zum Kriege war; sie streuten den Saamen der Zwietracht aus, um die Bürger eines Staates gegen einander zu bewaffnen, um die Völker durch innerliche Kriege zu zernichten; sie besoldeten Heere von Kundschaftern und Verräthern in Ländern, die sie um ihre Selbstständigkeit zu bringen strebten; in vermoderten Papieren suchten sie dunkle Ansprüche auf, um ihren gewaltthätigen Unterdrückungen irgend einen Anstrich eines Scheines von Rechtmäßigkeit zu geben. — Arglist hieß ihnen Weisheit; Treulosigkeit, Klugheit; und Ränke waren alles, was ihr bösartiger Verstand zu ersinnen vermochte. Die Verwirrung des ganzen Europa, das untergrabne Wohl sonst glücklicher Völker, das waren die großen Thaten, die die Namen dieser Männer in dem Tempel des Ruhms verewigen sollten. Ja, ihre Namen verdienen auf die Nachwelt zu kommen, aber als Namen von Geißeln des menschlichen Geschlechts! Ihre Namen verdienen eine Stelle neben den Attilas und Tamerlanen, jedoch mit der Bemerkung, daß die Attilas, die Tamerlane den Muth hatten, sich der Welt in ihrer wahren Gestalt, als Peiniger, als Würgengel der Völker zu zeigen; diese feigen, diese unglücklichen Schüler des Machiavels verbargen sich hinter der Mine kluger Erhalter des Gleichgewichts. Ihre Namen müssen nie genannt werden, ohne daß gerechter Fluch sie begleite! Dein Name, Bernstorf, wird in Segen bleiben! Du erkanntest, du empfandest, daß der Beruf, Besorger der Angelegenheiten der Völker zu seyn, seine wahre, seine einzige Würde von der gewissenhaften Beobachtung des Völkerrechts, von der redlichen Erhaltung und Beförderung des Friedens erhält!

Die übrigen Eigenschaften von Bernstorfs Geist und Charakter wird der künftige Geschichtschreiber leicht errathen. Er findet sie in Bernstorfs Verwaltung selbst, und in den schriftlichen Denkmälern, die er hinterlassen hat; in den Staatsschriften, wozu ihm die Begebenheiten der Zeit Anlaß gaben. Beide, seine Verwaltung und seine Schriften tragen das Gepräge vorzüglicher Geisteskräfte, großen Verstandes, großer Klugheit, einer männlichen, festen und aufgeklärten Denkungsart, großer Talente.

Mit dem schärfsten Blicke durchschaute Bernstorf die verwickeltste Lage der Dinge; sah im Keime der Gegenwart die verschiednen Gestalten, welche die Zukunft unter verschiednen Umständen annehmen würde; sah die möglichen Folgen jeder Maaßregel, und wußte jeder Folge den ihr zukommenden Grad von Wahrscheinlichkeit zu bestimmen. Die verborgensten und verschlungensten Fäden, die die Begebenheiten an einander knüpfen, lagen aufgedeckt vor seinem Blicke, der sie in allen ihren Durchkreuzungen schnell und leicht verfolgte.

Sein schneller Verstand, sein scharfes Urtheil wurde von dem glücklichsten Gedächtniß unterstützt, nicht sowohl von jener geringern Art des Gedächtnisses, die wir das mechanische nennen können, und die bloß die todten Zeichen der Dinge aufbewahrt, als von jener höhern Kraft, die die Vergangenheit vor dem Geiste zum lebendigen Anschauen wieder vorüber führt. Das Urtheil über Dinge, die kommen werden, muß sich auf Vergleichungen mit Dingen, die geschahen, gründen. Ueber den Lauf menschlicher Begebenheiten, wie über den Lauf der Natur, ist Analogie die sicherste Regel. Aufgaben in der Politik, die von verwickelten Zeitumständen herbeygeführt werden, wird derjenige am besten lösen, dem es durch fleiſſiges Studium der Geſchichte gegenwärtig iſt, wie ähnliche Aufgaben in den verfloßnen Jahrhunderten von der Zeit ſelbſt aufgelöſet wurden. In dieſem Geiſte hatte Bernſtorf die Geſchichte ſtudirt. Das ähnlichſte, das genaueſte Bild von den großen Begebenheiten der vorigen Jahrhunderte hatte ſich in ſeiner Einbildungskraft abgedrückt; ſo oft es nöthig war, ſtand es ganz mit den richtigſten Zügen vor dem Auge ſeines Geiſtes da.

Vielleicht dürfen wir uns auch noch die nicht unwahrſcheinliche Vermuthung erlauben, daß Bernſtorf, bey dieſer ſeiner lebendigen, anſchauenden Kenntniß der Geſchichte, bey dieſem ſeinen ſcharfen, in das Innere der Begebenheiten dringenden Blicke, den eigentlichen innern Zuſtand von Europa, die Natur und Kraft der ſich empordringenden und die Gemüther beherrſchenden Ideen, anders beurtheilt habe, als ſie von denen, die die öffentlichen Maaßregeln größerer Mächte lenkten, mögen beurtheilt ſeyn. Vielleicht ſchienen ihm die hergebrachten Verfahrungsarten bey ſo auſſerordentlichen, neuen Erſcheinungen nicht die angemeſſenſten zu ſeyn. Vielleicht glaubte er, daß die Natur dieſer Erſcheinungen ſelbſt die Wahl anderer Mittel anrathe oder gebiete, um ihre Wirkungen unſchädlich zu machen, oder in wohlthätige zu verwandeln. Wahrscheinlich hatte er den Geist der Zeiten errathen, eh er durch Thaten sichtbar wurde.

Ich habe bisher den Umriß zu dem Bilde des großen, des weisen, des tugendhaften Staatsmanns, den wir in Bernstorf verehren, zu entwerfen gesucht. Gewiß die Nachwelt wird ihn auch gern, als Menschen, als Vater seiner Familie, als Freund seiner Freunde, zu kennen verlangen. Ein anziehendes, ein schönes Gemählde würde es seyn, das ihn in diesen Verhältnissen zeigte. Er war ein treuer, ein liebender Freund, ein zärtlicher Gatte, ein Vater, den seine Kinder verehrten und liebten. Feindschaft kam in seine Seele nicht; Beleidigungen erbitterten ihn nicht, und nie vielleicht hat er Rachgier aus eigner Empfindung gekannt. Bewußtseyn des eignen Werthes ließen keine Bewegungen des Neides oder des Argwohns in seiner Seele zu. Er hatte einen heitern, muthigen Geist; Furcht und Aengstlichkeiten haben ihn nie getrübt. Er war angenehm im Umgang; geistvoll und lehrreich in der Unterhaltung. Dieß versichern alle, die seines nähern Umgangs genossen. Ihnen gebührt es, ihm in dieser Hinsicht ein Denkmal zu stiften; von jedem andern würde es Anmaaßung seyn, ihnen hierin zuvor zu kommen.

Ein so schönes, so edles, dem Dienste des Staates und dem Wohl eines Volkes so ganz geweihtes Leben, dessen Ganzes, dessen Theile das Gepräge der tugendhaftesten Gesinnungen trugen, erreichte das Ziel nicht, das ihm die Dankbarkeit eines durch ihn glücklichen Volkes wünschte, und die Kräfte seiner Natur zu versprechen schienen. Bange Ahndungen verbreiteten sich in allen Gemüthern, als verkündigt wurde, daß Bernstorf von einer Krankheit mit bedenklichen Umständen befallen wäre. Feurige Wünsche, die sich gern zu Hoffnungen erheben wollten, und zagender Kummer waren der beständig abwechselnde Zustand, in dem sich eine ganze Nation um den Einen Mann befand. Aengstlich sahen die Nahen der Entscheidung entgegen; ängstlich harrten die Entfernten auf die Botschaft, die ihnen die Entscheidung verkündigen würde. Mich deucht, ich sehe das Lager des Kranken, nicht bloß von den Seinigen in Thränen, nicht bloß von kummervollen Freunden, ich seh es von einem tiefgerührten Volke umgeben, mitten unter ihnen den Erben des Throns am Bette des Kranken, auf jede Veränderung in dem Gange der Krankheit merkend, ob sie nicht seinen sehnlichen Wünschen Hoffnung erlaube. Ach, es gefiel der Vorsehung nicht, seine und unsre Wünsche zu erhören. Er erhub sich zu bessern Welten, der edle, der weise, der tugendhafte Geist. Schon erschien die Stunde, wo auch seine irdische Hülle ihrer letzten Wohnung vertraut werden sollte. O daß mir Kraft verliehen wäre, ihr gegenwärtigen, ihr künftigen Verehrer Bernstorfs; diese feyerliche Stunde in eure Einbildungskraft zurück zu bringen! Vom innigsten Gefühle der Dankbarkeit und Verehrung getrieben, drängten sich Große und Geringe um Bernstorfs Sarge, alle vom tiefsten Schmerze durchdrungen, alle wetteifernd, den vergänglichen Rest dessen zu ehren, dem Dänemark so viel verdankte. Von gleichen Gesinnungen getrieben, gesellt sich der Kronprinz zu ihnen. Die Ehrerbietung will den Platz bestimmen, der ihm in dem Gefolge gebühre. Aber sein Herz kommt ihrer Ueberlegung zuvor und entscheidet. "Ich gehe," sagt er, "unter den Kindern;" einfache, aber die ganze Seele dessen, der sie sagte, darstellende Worte; gewiß, nur aus einem zartempfindenden, der Natur getreuen, von keiner Kunst verstimmten Herzen konnten sie kommen; sie bezeichnen die Art der Gesinnungen, die beide einander eingeflößt hatten, und die durch eine vierzehnjährige Bekanntschaft genährt und befestigt waren. Wie viel, wie große Hoffnungen liegen für dich, glückliches Dänemark, in dieser Bemerkung!

Unser Bernstorf ist für uns nicht mehr! Laßt uns nicht vermessen fragen, warum die Vorsehung seinen Verlust über uns so früh verhängte; laßt uns ihren Rathschluß anbetend verehren; laßt uns für das Gute, das sie uns durch Bernstorf erwies, durch beständige, lebhafte Erinnerung dankbar seyn.

Der Tugendhafte, der sich in jedem Augenblick seines Lebens bewußt ist, seine Pflichten nach seinem Vermögen erfüllt zu haben, befindet sich in jedem Augenblicke an dem Ziele, das er zu erreichen wünschte, und in dieser Betrachtung ist es für ihn selbst nie zu früh, wenn ihn die Vorsehung von dem Posten, den sie ihm auf dieser Erde angewiesen hatte, zurückberuft.

Nur, wenn er die Thränen der Seinigen sieht; wenn er an die Verbindungen denkt, die seinem Herzen theuer waren; wenn er fühlt, daß die sanften Bande der Liebe und Freundschaft sich lösen, die ihn an dieses Leben knüpften, nur in diesen Augenblicken empfindet er die Schmerzen der Trennung, und sein liebendes Herz bedarf eines doppelten Trostes; den einen, den erhabnern, giebt ihm die Religion, die ihm die Wiedervereinigung mit den Geliebten verspricht; den andern — (ach, es gefiel der Vorsehung nicht, ihn jedem zu gewähren! manchem sterbenden Gatten, manchem Vater wurde er versagt! —) den andern verschafft der Gedanke, die Seinigen auf dieser Erde glücklich zu wissen. Bernstorfs Ruhe, in den letzten Stunden, war die Ruhe des sterbenden Christen, dem auch die zweite Art des Trostes verliehen war. Und wenn er an seine übrigen Verhältnisse dachte, wie viel und mächtige Gründe fand er nicht, den Zeitpunkt seines Ueberganges in eine bessere Welt mit zufriednem, heitern Blicke zu betrachten. Er hatte das große Werk vollendet, das seinem Herzen so wichtig gewesen war, er hatte eine ganze Nation vor drohenden Gefahren bewahrt, er hatte ihr ihren Wohlstand gesichert; er hörte die rührende Stimme ihres wärmsten Dankes, er hörte ihre flehenden Wünsche für die Verlängerung seines Lebens. Von dieser Seite betrachtet, glich sein Tod dem schönen Tode des Helden, der in dem Augenblicke fällt, wenn der Sieg durch ihn erfochten ist.

Unsterblich ist Bernstorfs Name! nicht bloß in Dänemark; unsterblich in den Jahrbüchern von Europa! Unter vielen glänzenden Namen wird der seinige mit sanftem und reinem Glanze strahlen; denn es ist der Glanz der Rechtschaffenheit und Weisheit!

———